V 2678

25210

L'ART DE TRANSPOSER
TOUTE SORTE DE MUSIQUE,
SANS ÊTRE OBLIGÉ
de conoître le ton ni le mode.

AVEC DES RÉFLEXIONS
sur la nécessité de cet Ouvrage.

A PARIS;
Chez GILLES LAMESLE, Imprimeur-Libraire, à l'entrée de la ruë du Foin, du côté de la ruë S. Jacques.

M. DCC. XI.
Avec Aprobation, & Permission.

RÉFLEXIONS
SUR
L'UTILITÉ ET LA NÉCESSITÉ
DE CET OUVRAGE.

Lorſqu'au mois d'Octobre 1709. je fis inſérer dans les Mémoires de Trévoux, une Métode pour tranſpoſer toute ſorte de Muſique, j'avois en vûe l'utilité des Muſiciens de profeſſion, & de tous ceux qui s'atachent à la Muſique ; je me flatois que s'il y avoit quelques dificultez à proposer contre cète Métode, on les auroit comuniquées aux Auteurs de ces Mémoires ; mais il n'en a paru aucune, en voici peut-être les raiſons.

Peu de gens liſent les Journaux ; de ceux qui les liſent peu s'arêtent aux matieres qu'ils n'entendent point ; ainſi très-peu de perſones ont lu & éxaminé cète Métode pour la tranſpoſition. Ceux qui l'auront lue en auront parlé

A

à quelque Musicien de profession, qui ne la comprenant point, aura dit qu'èle pouvoit être bèle & curieuse; mais en même tems inutile & embarassante.

Quelques persones de litérature, qui savent de la Musique, l'auront peut-être un peu éxaminée, & come les autres l'auront trouvée plus curieuse qu'utile, ils auront même douté si èle étoit plus aisée que cèles que pratiquent les Musiciens : enfin l'on a fait à l'égard de cète Métode, ce que l'on fait tous les jours à l'égard de mile choses infiniment meilleures; on les néglige au préjudice de l'utilité publique, que les Auteurs se proposent, ou doivent se proposer.

C'est pourquoi j'ai cru rendre un service à diverses persones, si après avoir démontré la vérité de cète Métode j'en faisois voir encore l'utilité, & en quelque maniere la nécessité. Je supose seulement que je parle à des persones non prévenues, soit qu'ils soient Musiciens de profession, ou qu'ils ne le soient pas.

Comme les Musiciens n'ont pas acoutumé de raisoner sur leur Art, & que la plupart se bornent à la Pratique, il est inutile de les fatiguer par de longs raisonemens; je nie qu'ils aient des principes certains par lesquels ils voient tout d'un coup ce qu'il faut faire pour transposer de la Musique ; c'est à eux à faire voir le contraire ; & pour montrer au Lecteur la vérité de ce que j'avance, je vais lui doner un éxemple qui arêtera sur le cham les plus fameux *Transpositeurs* de Paris ; j'emploie les preuves de fait pour être plus court, & pour ne pas dire ici ce qui naturèlement viendra dans l'esprit de ceux qui liront avec quelque atention la Métode que je leur done : èle est infaillible, facile à comprendre, & à pratiquer même par de simples Écoliers.

Demandés à un Joueur de clavecin ou à un Joueur de viole qu'èle clé il faudra imaginer, & de combien de dièsis ou de b mol èle sera acompagnée, lorsqu'on lui présentera à transposer six demi tons plus haut, par éxemple, quelque Musique qui est à la clé de *fa* sur la quatriéme ligne en haut, sans dièsis ni B mol. Ce Musicien demande d'abord le clavecin ou la viole; mais d'où vient qu'il ne peut le dire sans le secours d'un instrument ? S'il étoit consulté là-dessus en pleine assemblée que répondroit-il ?

Il dira bien d'abord la clé qu'il faut imaginer ; mais pour le nombre de dièsis ou de B mol qui doivent acompagner cète clé il n'en fera rien, tous s'y

A ij

trompent, & si quelqu'un rencontre juste, c'est plutôt par hazard, que par conoissance: or peut-on douter que le principe qui manque au Musicien, & que je lui done ne soit utile? n'est-ce pas une utilité de pouvoir supléer à son ignorance, de pouvoir montrer aux autres le principe que l'on suit en transposant, & d'en rendre raison à ceux qui le souhaitent?

Mais qu'importe, disent quelques-uns de ces Messieurs-là, pourveu que l'on puisse transposer toute sorte de musique? N'est-ce pas un bon principe, que d'être assuré de transposer & de le faire éfectivement? Or nous le ferons aussi-bien sans le secours de vos regles, que si nous les savions.

Il est vrai que celui qui sait bien transposer sans cête métode n'en a plus besoin pour transposer. Mais la question ici n'est pas seulement de transposer; il s'agit encore d'un principe certain, par lequel on puisse transposer & enseigner la transposition. Que m'importe, dirai-je à mon tour, qu'un tel Musicien sache transposer, s'il ne sait point le montrer aux autres; or il paroît, ce me semble absurde, de vouloir qu'un Maître d'Instrument, ne soit pas obligé de savoir montrer la transposition.

Quand un Muſicien tranſpoſeroit toute ſa vie, juſques-là il n'eſt jamais Maître, il faut qu'il puiſſe montrer la tranſpoſition; & coment la montrera-t-il s'il avoue lui-même qu'il n'a de principes que pour lui ſeul, & non pas pour les autres. Il doit donc ſe ſervir des principes que je lui done pour tranſpoſer & pour montrer ſur le cham & ſans inſtrument, les regles infaillibles de la tranſpoſition.

Les Muſiciens ne ſavent ordinairement la Muſique que par routine; plus cète routine eſt grande, ſure, éxacte, de bon goût, & plus de réputation ils s'acquièrent. Si l'on propoſe à un Muſicien, quelque muſique à tranſpoſer, il regarde d'abord de quel ton èle eſt, de quel ton èle deviendra par la tranſpoſition; il ſait par routine qu'un tel ton demande tant de dieſis ou de B mol; avec cela il prend un inſtrument & ſe met en état de tranſpoſer, ſelon les ſupoſitions qu'il vient de faire. A meſure qu'il joue, la ſuite du chant, & l'oreille lui aident à rectifier la fauſſeté de ſes ſupoſitions: je dis fauſſeté parce qu'il n'eſt pas vrai qu'un ton par tranſpoſition ait toujours à la clé le même nombre de dieſis ou de B mol, qu'auroit le même ton par compoſition: je ne done pas dès éxemples de cela, on les trouvera dans la table.

Or come tous ceux qui se mêlent de transposer n'ont pas une égale routine, ni une égale justesse d'oreille, il arive bien souvent qu'ils font de fausses notes dont ils s'aperçoivent quelquefois, ce qui n'empêche pas cependant que la faute n'ait été faite avant que l'oreille les en avertît, au lieu que la métode que je done est un principe infaillible, même avant que l'oreille en juge.

Enfin, il faut remarquer que bien souvent sans être Musicien de profession, & sans posséder à fonds l'Art de la Musique, on peut en savoir assez pour acompagner une voix, ou quelque instrument; & come il arive très-souvent qu'il faut transposer la Musique, en faveur d'une voix ou d'un instrument, faut-il renoncer à la transposition faute de routine à transposer? Non, avec cète métode on sait sur le cham la clé qu'il faut imaginer à la Musique à transposer, & le nombre de diesis qui doivent être à cète clé; après quoi l'on n'a qu'à jouer hardiment come il y a dans le Livre; au lieu que le Musicien qui n'a que la routine pour guide, est obligé dans la suite de l'air, d'augmenter ou de diminuer le nombre de Diesis ou de Bmol qu'il a d'abord mal suposez, au comencement de la Musique qu'il transpose.

Bien loin que les Musiciens puissent apeler principe de transposition la pratique qu'ils suivent, ils doivent remarquer que c'est le même que suivroit un Aveugle à qui l'on chanteroit, par éxemple, un menuet en *D la re* naturel, & que cependant on auroit comencé sur le *la Diesis*, il est visible que cet Aveugle s'il a quelque habitude sur le manche de son violon, jouera le menuet, falût-il passer par dessus tous les Diesis, c'est à quoi il ne prend pas garde, il n'est atentif qu'à trouver le chant qu'on luy sifle come à un oiseau; les plus grands *Praticiens* de la Musique font la même chose, du plus au moins, quelquefois la force du chant, l'imagination échaufée, les emportent dans l'execution de la Musique, sans qu'ils fassent aucune atention, ni à la clé, ni à la note, & ils devienent pour lors, s'il est permis de le dire, des machines montées come un carillon qui va de lui-même. J'avoüe qu'il est agréable de pouvoir se transformer en pareille machine; mais ma métode ne fait que l'enrichir cète machine, & en même tems secourir les persones qui ne sont pas tout-à-fait automates en fait de Musique.

Les Musiciens ne sauroient transposer s'ils ne savent de quel ton est la Musique à transposer, & par ma métode il sufit de voir la clé & le nombre de Diesis ou de Bmol qui l'acompagnent; avec cela seul on peut savoir la transposition de toute sorte de Musique sans se mètre en peine du ton, ni du mode; & c'est ce qui surprend les Musiciens qui s'imaginent que sans la conoissance du ton de la Musique, on ne peut la transposer. Le préjugé à l'égard du ton empêche la plupart des Musiciens de comprendre cète métode; aussi ai-je éprouvé que plus on est *Praticien* dans la Musique, & plus on a de peine à entrer dans la démonstration que j'en done.

Je crois en avoir dit assez pour prouver que le Musicien n'a point de principe certain qui lui fasse voir d'abord ce qu'il doit éxecuter en transposant de la Musique, & que par conséquent il ne peut montrer aux autres la transposition; or par cète métode l'on vèra que je mets un simple écolier en état de savoir sur le cham ce qu'il faut faire pour transposer; & pour enseigner la transposition.

Il faut donc convenir que cète métode est utile & nécéssaire, d'autant plus qu'èle sert de preuve aux Musiciens qui transposent par la seule routine. L'on aura encore l'avantage de savoir toujours au juste le nombre de Diésis ou de Bmol qui doivent être à la clé, ce que bien des compositeurs ignorent, & par ce moyen on ne sera pas obligé de répéter si souvent le Diésis ou le Bmol qui précede la note ; car on ne le met à la clé que pour éviter la répétition.

Réponse à quelques Objections.

J'ai hésité quelque tems pour savoir si je répondrois aux dificultez que plusieurs persones m'ont faites sur cète métode. Si on l'avoit lue avec quelque atention on ne pouroit me faire la plupart de ces Objections. Cependant sachant par expérience que des persones d'esprit, ne laissent pas de faire de pareilles dificultez, c'est seulement en leur faveur, que j'y vais répondre ; cela servira peut-être encore à mieux déveloper tous les usages que l'on peut tirer de cète métode.

Premiere Objection.

L'on demande si avec le secours de cète Table l'on saura d'abord transposer, & si on ne le peut faire, on conclud que la Table & la Métode sont inutiles. Je répons que la Pratique ne s'est jamais aquise par la seule Téorie. Mais l'on peut avoir déja l'habitude de jouer de la Musique, & ignorer la transposition faute de principes ; or c'est ce que ma Métode done.

Une persone poura être assés forte pour jouer une Sonate qui aura, par éxemple, quatre ou cinq Diesis à la clé, & en même tems ne savoir pas transposer une Musique qui par transposition n'auroit à la clé que trois Diesis ; or pour lors c'est plutôt faute de principes de transposition que de principes d'execution. Ce que je dis d'un éxemple peut s'entendre d'une infinité d'autres que l'experience nous présente tous les jours. Mais je veux acorder qu'avec cète Métode je ne puisse transposer sur le cham, pour jouer de mesure ; du moins sur le cham je saurai coment il faut étudier sans faire aucune fausse note ; avantage qu'aucun Musicien de Paris ne sauroit doner à un écolier, faute de principes.

Enfin je puis dire qu'avec cète Métode je sais transposer & montrer la transposition, & sans cète Métode je ne puis faire ni l'un ni l'autre, parce que n'étant pas Musicien de profession, n'aïant d'ailleurs que très peu de pratique, je ne me tire d'afaire que par le secours de cète Métode que je soûtiens être infaillible, sans avoir égard ni au ton ni au mode.

Seconde Objection.

Il y a eu des personnes qui aïant lu cète métode sans la comprendre se sont imaginez qu'éle n'étoit faite que par des regles très dificiles de Matématiques, & qu'ainsi il étoit inutile de s'y amuser dès qu'on n'avoit d'autre étude que cèle de la musique. Il est juste de répondre à ces persones-là, & de leur dire qu'il sufit de savoir la simple Adition & Soustraction pour faire une pareille Table : il ne faut pas s'en faire un épouventail, ni lui prodiguer le nom de Matématique, qui sans fondement feroit là trop d'honeur à celui qui a trouvé cète métode.

Troisiéme Objection.

D'autres se sont plains de la longueur avec laquéle j'explique & je démontre cète Table. J'avoue que j'aurois pu être plus court, & en même tems plus obscur. Cependant pour contenter les uns & les autres je metrai sur la fin trois ou quatre lignes, qui en abrégé contiendront la démonstration de ma métode & de ma Table.

Quatriéme objection.

L'on demande encore d'où vient que je mets 5. 6. 7. 8. 9. diésis aux clés, puisque cela n'est d'aucun usage. A quoi je répons que sans changer de clé l'on ne peut transposer une piece de musique sans employer un très grand nombre de diésis, ou de B mol : mais en changeant de clé on reduit le grand nombre de diésis à un petit nombre de B mol, & le grand nombre de B mol à un petit nombre de diésis, quelquefois même au naturel. Cète métode laisse

B

le choix, & donc le principe pour l'une & pour l'autre maniere. Je serois trop long si je voulois doner des exemples de tout ce que je dis; pour peu d'atention qu'on y fasse, on les trouvera facilement soi-même.

Cinquieme objection.

On dit que j'ignore la nature du becarre & du B mol, de vouloir que l'on puisse jouer également la même musique par l'usage des B. mol, ou par celui des dieses. On dit encore que la musique composée par becarre n'est plus tout à fait la même, dès qu'èle s'éxecute par b mol. Je crois que c'est ici une question de nom; car à moins que d'ignorer absolument ce que c'est que transposition, l'on doit savoir, que toute sorte de musique passe du becarre au B. mol, & du B mol au becarre sans qu'il y ait autre changement sensible, que celui de la transposition. Si l'on n'en veut pas convenir, je demande que l'on transpose trois tons pleins plus haut quelque musique qui ait la clé de *fa* sur la quatrieme ligne en haut, sans diesis ni B mol; l'on trouvera par mes principes six diesis avec la clé d'*ut* sur la premiere ligne en bas, ou six B mol avec la clé d'*ut* sur la quatrieme ligne en haut: Or si l'on dit qu'il faut préferer les diesis aux B mol, je demande que le même exemple d'abord doné, soit transposé seulement de trois demi tons plus haut, on trouvera neuf diesis avec la clé d'*ut* sur la segonde ligne en bas. Si l'on dit qu'il faut préferer les B mols, je demande que la Musique proposée, soit élevée de quatre tons & demi, & l'on trouvera neuf B mol, avec la clé d'*ut* sur la troisieme ligne : auquel cas on sera contraint d'avouer que l'on ne peut se dispenser de jouer de la musique avec neuf diesis & neuf B mol, si l'on ne veut changer de clé, & choisir indiferemment dans les diesis ou dans les B mol, ce qui est le moins dificile, & qui fatigue le moins l'imagination. Ainsi dans l'exemple proposé cète Table done la clé de *fa* sur la troisieme ligne avec trois B mol, au lieu de neuf diesis avec une autre clé ; & la clé de *G re sol* sur la segonde ligne en bas avec trois diesis, au lieu des neuf B mol à une clé diferente.

Sixieme Objection.

Mais, dit-on, à quoi sert cète Table si on n'a pas l'usage de toutes les clés que vous employés ? Or bien des Musiciens n'en conoissent qu'une ou deux. Il est vrai que cète Table est presque inutile à ces Musiciens : ce n'est pas non plus pour eux que je l'ai faite, ni pour ceux qui ignorent la musique ; c'est à eux à l'aprendre, ou à convenir qu'ils ignorent la transposition.

Je ne dis pas cependant qu'un Musicien ne puisse transposer sans le secours des clés : il peut successivement transposer chaque note, à mesure qu'il joue, en imaginant à la vûe de chaque note, l'intervale de transposition qui lui fournit la note transposée : cète métode est bien simple ; mais èle paroît d'une très-grande dificulté, & je doute qu'il y ait beaucoup de Musiciens qui s'en servent.

J'ai déja dit que sans avoir atention ni à la clé ni à la note on pouvoit transposer, de la même maniere que le feroit un aveugle qui a quelque pratique sur le manche de son Violon : & c'est ainsi que transposent même les plus grands Musiciens.

Sètieme Objection.

Cète Table, dit-on, met souvent à la clé plus de Diesis ou de B mol qu'il n'en faut à certains tons. Que l'on veuille transposer, par éxemple, un ton plus haut, une basse en *D la re* qui n'a ni Diesis ni B mol à la clé, l'on aura *E si mi* où il ne faut qu'un Diesis, cependant la Table en met deux : èle est donc fausse, disent-ils. C'est justement ce qui trompe les Musiciens, parce qu'ils confondent le ton de composition avec le ton de transposition, & c'est en celà que cète Table est plus éxacte, & qu'èle corige les fautes des Musiciens. Si l'on fait réflexion que dans l'éxemple proposé tous les *fi*, aussi-bien que les *mi* doivent être élevés d'un ton, la même raison qui fait doner un Diesis au *fa* en demande un pour l'*ut*, & en même tems pout détruire le B mol qui par accident se trouvera devant des *fi* de la musique en *D la re*, & qui par transposition, se trouvera devant des *ut* de la musique en *E si mi*. De sorte que cet éxemple que l'on raporte contre cète Table sert à en faire voir l'exactitude, & en même tems les principes fautifs des Musiciens.

Huitieme Objection.

L'on dit encore que je done une fausse idée des clés, & que je les emploie contre l'usage ordinaire, lorsque je veux, par éxemple, que l'on imagine la clé d'*ut* sur la premiere ligne en bas, après avoir transposé un ton plus haut, quelque musique qui étoit sur la clé de *fa* à la quatriéme ligne. Cet *ut*, dit-on, selon l'usage, est la quinte du *fa* au lieu qu'en renversant l'acord vous faites devenir le *fa* la quarte de l'*ut*. Cète Table emploie les clés ordinaires seulement pour marquer la note transposée. Les Musiciens qui ont confondu le ton de composition avec celui de transposition doivent éviter de confondre les clés réèles de la composition, avec cèles que l'on imagine dans la transposition.

Quelques-uns disent que ceux qui acompagnent du Clavecin, trouvent par ma Table plusieurs acords mineurs qui doivent être majeurs ; ce qui rend ma Table fausse. Celui qui transpose doit savoir que la transposition ne change point la nature de l'acord ; le même intervale est toujours observé soit en montant soit en descendant ; cète Table n'altere en aucune maniere les acords marqués pour le Clavecin : c'est une chose de fait que cela, & qui n'est pas plus contre cète Table, que contre les autres manieres de transposer.

Neuvieme Objection.

Voici l'objection qui paroît avoir le plus de force, & qui est plutôt contre les instrumens de musique, que contre cète Table, j'en fais juge le Lecteur. L'on dit que cète Table ne sauroit être juste qu'en confondant le son grave, & le son aigu, le demi ton majeur & le demi ton mineur ; qu'il y a cependant quelque diference, puisque plusieurs Clavecins brisez ont des notes *diesées* & *b molisées*, &c.

J'avoue que dans la rigueur des proportions harmoniques, cète Table est défectueuſe : èle a cela de comun avec tous les inſtrumens de muſique ; & ce qu'on dit des Clavecins briſez eſt peut-être un défaut plutôt qu'une perfection, parce que les autres inſtrumens, ceux qui ont des touches au manche, par exemple, ne pouvant obſerver ces diférences, cela nepeut que produire un très mauvais éfet dans un concert.

Cète table n'eſt que pour la pratique : or je ſupoſe avec raiſon que tous les demi-tons doivent être regardez come égaux, ou bien il faut dire que la tranſpoſition eſt impoſſible avec les inſtrumens que l'on a aujourd'hui ; il faut avoir l'oreille bien juſte pour ſentir les quarts de ton. Qui eſt ce donc qui ſentira la diférence du quart ou du cinquieme du demi ton ? Il eſt viſible que cela n'eſt que pour la Téorie & non pour la Pratique, ainſi l'utilité de cète table ſubſiſte toujours.

S'il faloit éxecuter & tranſpoſer la muſique ſelon les juſtes proportions harmoniques, la tranſpoſition ſeroit impoſſible, parceque les tons ſont inégaux, & l'on ne pouroit obſerver ces diférences qu'en donant 162 *Schiſma* au ton, dont un clavier de 4. octaves en contiendroit environ 4050. à 18. *Schiſma* pour un *Comma* neuvieme partie d'un ton. Or qui pouroit jouer ſur un clavier de 4050. touches, & avoir l'oreille aſſez délicate pour ſentir ces petis intervales, ſavoir la 162ᵉ partie d'un ton. Peut être que les Anciens avoient l'uſade cète muſique lorsqu'ils faiſoient les prodiges que l'on nous raconte d'eux.

Mais une réponſe ſans replique, contre cète objection, c'eſt que l'on a fait des clavecins dont les claviers étant pouſſez à droit ou à gauche élevent ou abaiſſent d'un demi ton, toute ſorte de muſique: or cela ne peut ſe faire qu'en ſupoſant l'égalité des demi tons, du moins dans la pratique.

Cependant ſi l'on peut trouver une métode plus générale, plus aiſée, pour aprendre & enſeigner la tranſpoſition, j'abandone cète table ; mais en atendant cela, que je crois impoſſible, qu'il me ſoit permis de ſoutenir la juſteſſe, l'éxactitude, & l'utilité de la miene.

MÉTODE
POUR TRANSPOSER
toute sorte de Musique.

LA plupart des Musiciens s'imaginent, que pour transposer de la Musique, il faut savoir en quel ton èle est ; c'est une èreur : il sufit de savoir sur quèle Clé est cète Musique, & de combien de Diesis ou de Bmol cète clé est acompagnée. L'on va démontrer, qu'avec cela seul on peut aisément transposer quelque Musique que ce soit.

Come c'est aux Musiciens que l'on présente cète Table, il est inutile d'expliquer les termes de Clé, de Note, de Diesis, de Bmol &c. L'on supose même que le Musicien sait que les Diesis se metent après la Clé, de Quinte en Quinte en montant, & de Quarte en Quarte en descendant, à comencer sur le degré de la Note Fa : & que les Bmol se metent de Quarte en Quarte en montant, & de Quinte en Quinte en descendant, à comencer sur la Note Si &c. L'on supose encore que le Musicien sait de combien de demi-Tons sont composez les Intervales de Tierce, de Quarte, de Quinte &c. C'est pourquoi l'on ne marquera ici les transpositions, que de demi-Ton en demi-Ton.

Pour ne pas remplir les Celules de cète Table, d'un grand nombre de Dieſis ou de Bmol après les Clés, on a déſigné par un chifre le nombre des Dieſis & des Bmol, & l'on a mis les Clés ſeulement à la tête de chaque rang: Mais il faut imaginer dans chaque Celule du rang, la Clé qui eſt vis-à-vis.

Come d'un rang à l'autre, il n'y a qu'un demi Ton de tranſpoſition, il a falu metre la même Clé dans deux rangs conſecutifs, pour élever, ou baiſſer d'un demi Ton ſans changer de Clé, & en metre deux aux ſegond & au sètieme rang, que l'on a coupez par une ligne ponctuée, pour déterminer la partie ſuperieure à la Clé d'en-haut, & l'inferieure à la Clé d'en-bas.

Par le moyen de cète Table, toute Muſique peut être miſe indiferemment en Dieſis ou en Bmol même ſans tranſpoſer. L'on peut auſſi par cète même Table tranſpoſer de douze manieres toute Muſique, & on peut l'executer de vingt-cinq manieres; ſavoir, douze fois en Dieſis, douze fois en Bmol, & une fois ſans Dieſis ni Bmol : Ce qui facilitera l'uſage de toutes les Tranſpoſitions.

Chaque

Chaque Rang de la Table peut être prolongé horizontalement de part & d'autre à l'infini, en continuant la progreſſion Aritmetique, avec cète Regle que le Rien ſoit toujours entre l'unité du Dieſis; & cèle du Bmol. Les Rangs perpendiculaires ne peuvent être prolongez ſans répétition au-delà des douze demi Tons de l'Octave: c'eſt pourquoi le premier Rang ſe prend pour le trezieme, le ſegond pour le quatorzieme, & ainſi de ſuite.

On trouvera pluſieurs autres choſes curieuſes & utiles, ſi l'on éxamine avec ſoin la diſpoſition des Clés, le nombre des Dieſis & des Bmol, & tous leurs rapors. Ce point-ci bien conſideré paroîtra le principal; il contient en abrégé la démonſtration de la Table.

USAGE DE LA TABLE.

POUR Tranſpoſer quelque Muſique que ce ſoit.

1°. Cherchez dans la Table, la Clé de la Muſique à tranſpoſer.

2°. Cherchez ſur cète Clé, le nombre des Dieſis, ou des Bmol qui ſont après la Clé de votre Muſique.

3°. De la Celule où ſe trouve ce nombre, montez, ou deſcendez d'ur Rang, ou d'une Celule, pour chaqu.

demi Ton, dont vous voulez élever ou baisser votre Musique, & vous trouverez la Clé & le nombre des Diesis, ou des Bmol qu'il faut imaginer.

EXEMPLE.

Je veux transposer de trois demi Tons plus haut de la Musique qui est sur la Clé d'*Ut* à la premiere ligne avec quatre Diesis, je trouve cète Clé au sixieme Rang, & les quatre Diesis à la troisieme Celule de ce Rang : de là je monte de trois Celules, ou de trois Rangs, & je trouve un Diesis qu'il faut imaginer après la Clé de *Sol* sur la deuxieme ligne.

Au contraire, si j'avois voulu transposer de trois demi Tons plus bas la même Musique, je serois descendu de trois Celules, ou de trois Rangs, & j'aurois trouvé sèt Diesis après la Clé d'*Ut* sur la deuxieme ligne en bas.

DÉMONSTRATION
de la Table.

Toutes les Transpositions possibles sont comprises dans l'Octave, puisque les autres n'en sont que les repliques, ou répétitions. Or l'Octave contient cinq Tons & deux demi Tons ; c'est à dire, douze demi Tons ;

donc toutes les Transpositions possibles sont comprises dans la Table qui enseigne à transposer depuis un jusqu'à douze demi Tons, & c'est ce qu'enseigne cète Table, come on va le démontrer.

§. I.

Un Diesis précédant la Note l'éleve d'un demi Ton : donc si deux Diesis précédoient la même Note, ils l'éleveroient d'un Ton. Un Bmol précédant la Note la baisse d'un demi Ton ; donc deux Bmol la baisseroient d'un Ton ; Ainsi le Diesis & le Bmol se détruisent l'un l'autre.

§. II.

Si l'on veut élever d'un demi Ton quelque Musique, il faut que chaque Note de l'Octave soit élevée d'un demi Ton par un Diesis à chaque Note ; donc y aïant sèt Notes dans l'Octave, il faut imaginer sèt Diesis de plus après la Clé de la Musique à transposer ; donc il faut comter sèt Diesis pour chaque demi Ton de transposition en haut, quatorze Diesis pour un Ton &c.

§. III.

Au contraire, si l'on veut descendre d'un demi Ton, il faut que chaque

Note de l'Octave soit baissée d'un demi Ton par un Bmol à chaque Note ; donc il faut imaginer 7. Bmol de plus après la Clé de la Musique à transposer ; donc il faut comter 7. Bmol pour chaque demi Ton de transposition en bas, quatorze Bmol pour un Ton &c.

§. IV.

Lorsque la Clé de quelque Musique descend d'un degré, les cinq Tons & les deux demi Tons de l'Octave montent chacun d'un autre degré ; donc les cinq Tons montant chacun d'un Ton, reçoivent la valeur de dix Diesis ; & les deux demi Tons montant chacun d'un demi Ton, reçoivent la valeur de deux Diesis ; donc l'Octave entiere reçoit la valeur de douze Diesis pour chaque degré que la Clé descend ; donc pour détruire douze Diesis, il n'y a qu'à baisser la Clé d'un degré; &c.

§. V.

Que si la Clé de quelque Musique monte d'un degré, les cinq Tons & les deux demi Tons de l'Octave descendent d'un autre degré ; donc les cinq Tons reçoivent la valeur de dix Bmol, & les deux demi Tons la valeur de deux Bmol ; donc l'Octave entiere reçoit la valeur de douze Bmol pour chaque degré que la Clé monte : donc pour détruire douze Bmol, il n'y a qu'à élever la Clé d'un degré, &c.

Cela posé, il s'ensuit évidemment que toute transposition de Musique se fait par l'Adition, ou par la Soustraction des Diesis & des Bmol, ou par le changement des Clés. Voilà le principe de la composition de cète Table.

EXEMPLES.

Je veux élever de quatre demi Tons de la Musique, qui est sur la Clé de *Fa* à la quatrieme ligne avec un Diesis. Par le §. 2. il faut comter 7. Diesis pour chaque demi Ton d'elevation ; c'est à dire, 28. Diesis pour mes quatre demi Tons, lesquels 28. Diesis ajoûtez à celui de la Clé, font 29. Or par le §. 4. on détruit douze Diesis en baissant la Clé d'un degré ; donc on peut détruire 24. Diesis en baissant la Clé de deux degrez : il reste donc 5. Diesis à imaginer après la Clé de *Fa* sur la troisieme ligne, ainsi que l'on trouve dans la Table, en suivant l'usage marqué ci-dessus.

Que si je veux baisser de quatre demi Tons cète Musique qui est sur la Clé de *Fa* à la troisieme ligne avec cinq Diesis. Par le §. 3. il faut comter 7. B mol pour chaque demi Ton d'abaissement, c'est à dire 28. Bmol pour mes quatre demi Tons. Or par le §. 5. on peut détruire 12. Bmol en élevant la Clé d'un degré; donc on détruit 24. Bmol en élevant la Clé de deux degrez; il reste donc 4. Bmol. Or la Musique à transposer avoit 5. Diesis, dont 4. sont détruits par les 4. Bmol §. 1. Reste donc un Diesis à imaginer après la Clé de *Fa* sur la quatrieme ligne, ainsi qu'il se trouve dans la Table, & ces deux Exemples se servent l'un l'autre de preuve.

Mais si sans transposition je veux éxecuter avec des Bmol, quelque Musique qui est sur la clé de *Sol* à la deuxieme ligne avec 7. Diesis. Par le §. 4. l'Octave entiere reçoit la valeur de 12. Diesis pour chaque degré que la clé descend. Or imaginant la clé *d'Ut* sur la clé de *Sol* à la deuxieme ligne, ma Clé descend d'un degré; donc l'Octave de ma Musique reçoit la valeur de 12. Diesis: Or dans la suposition il n'y en avoit que sept; donc il en reste cinq a détruire: ce qui se fait §. 1. en imaginant 5. Bmol après la Clé *d'Ut* à la troisieme ligne, ainsi que l'on peut voir dans la quatrieme Celule du segond rang Horizontal de cète Table.

Au contraire si je veux éxecuter avec des Diesis de la Musique qui est sur la clé *d'Ut* à la premiere ligne avec 4. Bmol. par le §. 5. l'Octave entiere reçoit la valeur de douze Bmol pour chaque degré que la clé monte: Or imaginant la clé de *Fa* sur la troisieme ligne au lieu de la clé *d'Ut* à la 1. ligne, ma Clé monte d'un degré; donc ma Musique reçoit la valeur de douze Bmol: Or dans la supofition il n'y en avoit que quatre; donc il en reste huit à détruire: ce qui se fera en imaginant §. 1. huit Diesis après la Clé de *Fa* sur la troisieme ligne, ainsi que l'on peut voir dans la quatrieme Celule du sétieme Rang Horizontal de cète Table.

Pour opérer de la même maniere sur toute sorte de Musique, il n'y a qu'à baisser la Clé d'un degré, pour changer le Diesis en Bmol: & l'élever d'un degré pour changer le Bmol en Diesis; observant que le nombre des Diesis & des Bmol qui doivent être réciproquement substituez les uns aux autres, fasse toujours douze. Ainsi qu'il paroît dans toutes les Celules du segond & du sétieme Rang de cète Table.

APPROBATION.

Vu par l'ordre de Monseigneur le Chancellier A Paris, ce 5. Juillet 1711.
BURETTE.

PRIVILEGE DU ROY.

LOUIS, PAR LA GRACE DE DIEU, ROI DE FRANCE ET DE NAVARRE. A nos amez & feaux Conseillers, les Gens tenants nos Cours de Parlement, Maîtres des Requêtes ordinaires de nôtre Hôtel, Grand Conseil, Prevôt de Paris, Baillifs, Sénéchaux, leurs Lieutenants Civils & autres nos Justiciers qu'il apartiendra, Salut, Notre bien amé le Sieur *** Nous ayant fait suplier de lui acorder nos Lettres de Permission pour l'Impression d'un Ouvrage de sa composition, intitulé L'Art de transposer toute sorte de Musique, sans être obligé de conoître le ton ni le mode, Nous avons permis & permetons par ces Presentes, audit sieur *** de faire imprimer ledit Livre, en tele forme, marge, caractere, & autant de fois que bon lui semblera, & de le faire vendre, debiter, par tout notre Roiaume, pendant le tems de quatre anées consecutives à comter du jour de la date desdites presentes, Faisons defenses à tous Imprimeurs, Libraires, & autres persones, de quelque qualité & condition quelles soient, d'en introduire d'Impression Etrangere dans aucun lieu de notre obeïssance, à la charge que ces presentes seront enregistrées tout au long sur le Registre de la Comunauté des Imprimeurs & Libraires de Paris & ce dans trois mois de la date d'icelles; que l'Impression dudit Livre, sera faite dans notre Roiaume & non ailleurs en bon papier, & beaux caracteres conformement aux reglemens de la Librairie; & qu'avant que de l'exposer en vente, il en sera mis deux Exemplaires dans notre Bibliotéque, un dans cele de notre Chateau du Louvre; & un dans celle de notre très-cher & feal Chevalier Chancelier de France le Sieur PHELIPEAUX, Comte de Pontchartrain Comandeur de nos Ordres; le tout à peine de nullité des presentes; du contenu desquelles vous mandons & enjoignons de faire jouir ledit sieur exposant ou ses ayant cause pleinement, & paisiblement, sans souffrir qu'il leur soit fait aucun trouble ou empechement. Voulons qu'à la copie desdites presentes qui sera imprimée au commencement ou à la fin dudit Livre, foi soit ajoutée come à l'original ; Comandons au premier notre Huissier ou Sergent de faire pour l'execution d'icelles tous actes requis & necessaires sans demander autre permission, & nonobstant clameur de Haro Charte Normande & Lettres à ce contraires. Car tel est notre plaisir. Doné à Fontainebleau le neuvieme jour d'Aoust, l'an de grace mil sept cens onze, & de notre Regne le soixante neuvieme. Par le Roi en son Conseil. DELAMET.

Regiſtré ſur le Regiſtre No. 3. de la Communauté des Libraires & Imprimeurs de Paris pag. 224. No. 231. conformément aux Réglemens, & Notament à l'Arreſt du Conseil du 13. Aoust 1703. A Paris ce 19. Aoust 1711.

DE LAUNAY, Syndic.

TABLE.
Pour trouver aisément toute transposition de Musique.

		1	2	3	4	5	6	7	8	
1		5×	4×	3×	2×	1×	Rien	1♭	2♭	1
2		2♭ / 10×	3♭ / 9×	4♭ / 8×	5♭ / 7×	6♭ / 6×	7♭ / 5×	8♭ / 4×	9♭ / 3×	2
3		3×	2×	1×	Rien	1♭	2♭	3♭	4♭	3
4		8×	7×	6×	5×	4×	3×	2×	1×	4
5		1×	Rien	1♭	2♭	3♭	4♭	5♭	6♭	5
6		6×	5×	4×	3×	2×	1×	Rien	1♭	6
7		11× / 1♭	10× / 2♭	9× / 3♭	8× / 4♭	7× / 5♭	6× / 6♭	5× / 7♭	4× / 8♭	7
8		4×	3×	2×	1×	Rien	1♭	2♭	3♭	8
9		9×	8×	7×	6×	5×	4×	3×	2×	9
10		2×	1×	Rien	1♭	2♭	3♭	4♭	5♭	10
11		7×	6×	5×	4×	3×	2×	1×	Rien	11
12		Rien	1♭	2♭	3♭	4♭	5♭	6♭	7♭	12
		1	2	3	4	5	6	7	8	

PRINCIPES POUR TRANSPOSER toute sorte de Musique.

- Un Dieſis } précédant la note } l'éleve } d'un demi ton ; donc le Dieſis & le Bmol ſe détruiſent l'un l'autre.
- Un Bmol } la baiſſe

- Imaginez } 7. Dieſis } de plus après la Clé de la Muſique, à transpoſer pour chaque demi ton de tranſpoſition } plus haut }
- } 7. Bmol } } plus bas }

- L'octave entière reçoit la valeur de } 12. Dieſis } pour chaque degré que la Clé } deſcend } donc pour détruire } 12. Dieſis } il n'y a qu'à } baiſſer } la Clé d'un degré
- } 12. Bmol } } monte } } 12. Bmol } } élever }

- Donc toute transpoſition de Muſique ſe fait par l'addition , ou par la ſouſtraction des Dieſis & des Bmol , ou par le changement des Clés.

www.ingramcontent.com/pod-product-compliance
Lightning Source LLC
Chambersburg PA
CBHW060531050426
42451CB00011B/1734